Ce cachier...

Il est à moi

Je m'appelle

....

Je suis né(e) le

....

Puzzle 1

5	4	6	9	1		3	2	7
	3	2	4	6	5	8	9	1
1	8	9	2	7	3	4	5	
4	6	8		9	1	5	3	2
	1	5	3	4	2	7	6	8
3	2			8			4	9
6	5	4			7	9	8	3
8	9	1	6	3	4	2	7	5
2	7		8	5	9	6	1	4

Puzzle 2

4	7		2	9	8	5	3	1
1	3	8	6	7	5	2	4	9
9	5	2	1	3	4	6	8	7
7	6		9	2	3	4		
5	9		8	4	6	7	1	2
8	2	4	5			3	9	6
3	8	9	7	5	2	1	6	4
6	4	7	3	8	1			5
2		5	4	6	9	8	7	3

Puzzle 3

3	2	5	9	6	8	7	4	1
1	7	8	5	3	4		9	6
	9	6	2	7			3	8
8	3	4	6	5	7	9	1	2
6	5	2	8	1		3		4
9	1	7	4	2				5
5		1	7	9	6	4	2	3
2	4	9	3	8	5	1	6	7
7	6	3	1	4	2	8	5	9

Puzzle 4

5	7		9	2	4	8	6	
3	6	9	5	1	8	4	7	2
4	8	2	6	3	7	9	5	
	2	5	4	8	9	1	3	7
9	3		7	6		5	2	
	1	8	2	5	3	6	9	4
2	4	3	8		6	7	1	5
1	9	7	3	4	5		8	6
8	5	6		7	2	3	4	9

Puzzle 5

	7	5	9	1	6	4	8	2
4		6		7	8	3	1	9
1	8		2	3	4	5	6	7
8		3	1	4		7	9	6
9	4	2	6	5	7	8	3	1
6	1	7	8	9	3	2		4
7	9		3	8	1		2	5
2	3	1	4			9	7	
5	6	8	7	2		1	4	3

Puzzle 6

5	6	4	9	2	1	7	3	8
7	2	3	6	4	8		9	5
9	8	1	5	3	7	4		2
3	1	5		8	2	6		9
	9	8	3	1	6	5	2	7
	7	2	4	9	5	3	8	1
2	3		8	5	4	9	1	6
1		9	2	6	3	8	7	4
8	4	6	1		9	2	5	3

Puzzle 7

2	5	4	7	9	3	6		8
6	9		1	5	8	4	2	
3	8	1	6	2	4	9	5	7
7	6	3	8		5	2	4	9
8	1	9	4	6	2	3	7	5
4		5	3		9	1	8	
1	7	8	2			5	9	4
5			9	4	7	8	6	1
9	4	6	5	8	1	7	3	

Puzzle 8

	5		6	8	1			2
2	1	6	7		9	5	8	3
8	7	4	2	5	3	1	9	6
	8	2		7	4	6	3	5
4	3	5	8	1	6	9	2	7
6		7	5	3	2	8	1	4
	4		1	2	7	3	6	9
7	6	3	4	9	8	2	5	1
9	2	1	3	6		4	7	8

Puzzle 9

1	6	9	7	3	8	5	2	4
8	7	5	2	6	4	3	9	1
	3	4	9		5	8	6	7
5	1	3	4	8	9	2		6
4	2	8	5	7	6	1	3	9
6	9	7	3	2	1	4	8	5
9	5	2	8	4				3
3		1	6	9	2	7	5	8
7	8	6	1	5			4	2

Puzzle 10

8		2	5	9	1	7	6	3
6	7	9	3	2	4	5	8	1
1	3	5		8	7	9		2
4	2	7	8	3		1	9	5
9	8	6	7	1	5	3	2	4
	1	3		4	9	8	7	6
3		1	4	7	8	2	5	9
2			9	6	3	4	1	7
7	9	4	1	5	2	6	3	8

Puzzle 11

9	2	1	4	3	7	6	8	5
4	6	7	8		5	9	3	1
3		5	9	1	6	2		7
2	3	4	6		9	1	7	8
5	9	8		7	4	3	6	2
1	7	6	3	8	2	4	5	9
7	1	9	5	4		8	2	
8	4		7	6	1	5	9	3
6	5	3	2	9	8	7	1	

Puzzle 12

1	9	8	7	5		3	2	6
2		7			6	8	5	9
5	6	3	2	9	8	1	4	7
4		2	9	1		6	7	8
	7	9	4	8	5	2	1	3
3	8	1	6	7	2	4	9	5
7	2	5	3	6	1		8	4
8		6		4	9	7	3	2
9	3	4		2		5	6	1

Puzzle 13

1		9	3	4	5	8	6	2
5	4	3	8	2	6	9	7	1
8	6	2	7		1	5	4	3
6	1	5	9	3		4		7
2	8		6	5	4	3		9
9	3	4	2		7	6	8	5
7	5	6	1	8	3	2	9	4
3	9	1	4	6	2	7	5	8
	2	8	5	7	9		3	6

Puzzle 14

9	2	7	8	3	6	1	5	4
3	4	8	5		1	9	6	
5	1	6	7	4	9		3	2
	5	9	3	1	4	2	7	6
4		2	6	7	8	5	1	9
6	7	1		9	5	4	8	3
1	9		4	6	3	7	2	8
2	8	3	9	5	7	6	4	1
7		4	1	8		3	9	5

Puzzle 15

2		1	4		5	3	8	6
4	8	3	2	6	1	5	7	9
5	6	9	3	7	8	2		1
1	4	6	9	3	2	8		7
9		7	8	5	6	1	2	4
	2	5	1	4	7		6	3
3	1	2	7	8	4	6	9	5
6	9	4	5		3	7	1	8
7		8		1	9	4	3	2

Puzzle 16

		2		5	9	6	8	4
7	9		1	4	8	5	3	2
4	8	5	2	3	6	7	1	9
2	3	9	8	7	1	4		6
1	4	8	9	6	5	2	7	3
5	6	7	3	2	4	1	9	8
	7	4	5	9	3	8	2	1
9	5	1		8	2	3	6	
		3	6	1	7	9	4	5

Puzzle 17

		7	9	6	3		5	4
	4	9	2	7	1	8	3	6
6	3	1	5	8	4	2	7	9
3	9	5	4	1		6	2	8
1	7		8	5	6	9	4	3
8		4	3	9	2	5	1	7
9	5	3	1	4		7	6	2
4	1		7	2		3	8	5
7	2	8	6	3	5	4	9	1

Puzzle 18

	4	3	7	9	2	8		1
2	9		4	8	1		3	
1	7	8	5		3	2	4	9
5	8	6	1	4	7	3		2
9			2	3			6	5
4	3	2	9	5	6	1	7	8
7	2	9	6	1	4	5	8	3
8	6	1	3	7	5	9	2	4
3	5		8	2	9	7	1	6

Puzzle 19

	1	8	4		5	9	2	7
5			1	2	6	4	3	8
3	4	2	9		7		1	5
1	8	4	7		3	2	5	9
2	3	5	8		9	7	4	6
7	9	6	2	5	4	1	8	3
8	5	1	6	7	2	3	9	4
4	2		3		8		6	1
9	6	3	5	4		8	7	2

Puzzle 20

1		8	9	3	4	7	6	5
4	9			1	7		8	2
3	7	5	6	2	8	1	9	4
7	3		1	8	5	9	2	6
2	6	1	7	4	9	8	5	
8	5	9	3	6		4		1
5	1	3	8	7	6	2	4	9
6	4	7	2	9		5	1	8
9		2	4	5	1	6		7

Puzzle 21

	7	9	6		4	2	5	3
5	4		1	2	9			
	8	6	5		3	4	9	1
	2	1	7	5		9	3	4
9	3	7	2	4	1	5	8	6
4	5	8	3	9	6	1	2	
3		5		6	2	7		
7					5		1	2
	9		4	1	7	3	6	

Puzzle 22

8			3	5	9	6	2	
1	3	9	4		6	5		7
	5		8	7	1	9		4
7	4	5	9	8	2	1	6	3
2			5	6		7		9
9	6	3	1	4	7			
5		7	6		4	2		8
3	9	8		1	5	4		
4	2	6	7	9	8	3	1	5

Puzzle 23

5	2		1			3		7
	9	6	8	2	7	5		4
4	1	7	5	6	3	9	2	8
2	7	5	9	1	8		3	6
	8	3	4			2	5	
	6							1
6	3	2	7	8	9		4	5
8	4	1		5	2	7	9	3
7		9	3	4	1	6	8	2

Puzzle 24

1	9	7	8	3	5	4	6	2
3	4	5			6	1		7
8	2	6		7		9	3	
	1	4		6		2	7	8
5	3	2		8		6	4	1
	7	8	4	2	1		5	9
2		1	3	5	8	7	9	
7	5			4	2	8	1	3
4		3		1	9	5		6

Puzzle 25

		4				6	5	
7	6	8	5	4	2	1		9
2	5	9	1	6	3	8		7
1	3	7	9	2		4	8	6
9		5	4		6	7		
4	8	6	3	1		2	9	5
6	7	1	8	3	9	5	2	
5	4	3	2	7	1	9	6	8
8	9	2				3		

Puzzle 26

	1	9	5	4		2		7
3		4	9	6	7	8	5	1
7			2		1	9		4
5	4	2	3	7		1	9	8
8			1	5	4	3	2	
1	6	3	8	9	2	4	7	5
		1	6			7		3
	7		4		3	5	8	2
4			7		5	6	1	9

Puzzle 27

4	5	8	6		2	7	9	
1	7		8	4	9	3	2	
2	9					8	4	6
7	8	4	9	6	3	1	5	2
9			7		5	4		8
	2		4	8	1	9		
6	3	9	5	1		2	7	4
5	1	2		7	4	6	8	
8		7		9		5	1	

Puzzle 28

2	1	5		3	4	9	7	
	4	7		5		8		1
8	3	9		1	7	2		5
3	2			9				
9	8		1	6		3		7
	5	6	4	2	3	1	9	8
	9	2	5	8		7	1	3
1	7				2	5	6	9
5	6	3	9	7	1	4	8	2

Puzzle 29

4		7		1		5	8	2
5	8	2	6	4			1	9
1	9	3	2	5	8	7		6
9		6	5			1	3	8
2	3		9	8	1	6		
8	1	5	7	6	3	9	2	4
6	5		1	3	2	4		7
3	2	9	4	7		8	6	1
	4		8	9	6			3

Puzzle 30

	1		6	5	4		2	3
		4			2	7	6	
8		2	9	7			1	5
6	7	1	2	3	5	9		4
2	5	3	4	9	8	6		
4		8	7	6	1	3	5	2
	8		5	4	9	2	3	7
9	2		3	1		5	4	8
	4	5	8	2				6

Puzzle 31

7	1		8	6		5		3
6	3	4	2		5	8	7	1
						4	2	6
3			9	1	8	2	5	7
1	2	7		5	6		3	8
8	5	9		3	2			4
9	6	1			3	7	8	2
4	8	5	6		7	3		9
2	7	3		8	9	6	4	5

Puzzle 32

	4	1	2	8	9	5	3	6
6	3			7	5		8	9
8	9	5	4	6	3	2	1	7
1		3	7	9		8		
2		4	3	5	6	7	9	1
9	5		8	2	1	3	6	
4	2		9			1		5
5	1	8	6	4	7		2	
	7	9	5	1	2	6		

Puzzle 33

	7		4	8	5		3	1
		8	9	7	1		6	4
4	1	5	6		3		7	9
7	6	3	1	5	8	4		2
8	5	2		4	9	6	1	3
1	4		3		2	7	8	5
5	8	1	2	9	7	3		
6		7				1	2	8
2	3		8		6	9	5	7

Puzzle 34

	7		4	2	6	8	1	
4	8	3		7	1		2	6
1	2		9			4	5	7
6		4			5	1	7	2
5	9	8		1	7	3	6	4
7		2			4		9	
8	4	9	7	5	2	6	3	
3	6	7	1	8		2	4	5
2	5	1	6	4	3	7	8	

Puzzle 35

	4	7	8	3	5	2	1	
	8	9	6	4	2		3	7
3	2		9	1	7			8
		4	3	2			7	5
2	9			7		1	8	4
5		1	4	9	8	6	2	
9	3	6		8	4	7		2
4	5	2			3		9	1
7	1	8	2		9	3		6

Puzzle 36

8	5		1	7	2	3		6
1		3		8		7		2
	7	2		9	3	1	8	5
5		9	8		4			
2		7		1	5	4		9
						8		1
4	3		2	6	9		7	
				5	1	9	6	
		5	7	4	8	2	1	3

Puzzle 37

1	7			5	2		3	4
		2	7			8	6	1
	4	6	8		9	2	7	5
7	3				1			
4		1		9	6	7		2
6	2			7			1	3
8		3	2	6	7		4	9
5	6		9	8			2	7
2					5	3	8	

Puzzle 38

6	4			9		2		1
	7	5	2	6		8	9	3
	9	2		5	1	4	6	7
		9	5			3	4	6
	6		7	4		1	8	2
2		4	1	3	6		7	5
8	5	1	9	7		6	2	
		7			8	5	1	
9		6	4					

Puzzle 39

	9		6	7		4		3
6	8	5		3	4	9	7	
4	7		9	1	5		8	6
2	5				1	3		4
	1	7		5	3		6	
	4		8	2	9	5		
7	2				6	1	3	9
	6		3	9	2			8
8	3			4			2	5

Puzzle 40

	9		4	3	5	1	6	7
4	3		7	1		9		
6		7				5	4	
7	2				8		5	4
	6	8	3	2	4	7		9
9	4	1	5		7	2		8
1	5	4		7	9	3	2	6
		6	2			8		5
2			6			4		

Puzzle 41

	8				3	6		
	9	2	8	7		3		4
	5		4		9	8	2	7
	2	6	3	9	7	5		1
9		1		8	4	2	6	3
3	4	5	2		6		9	8
	1			3	2			
		7	9	4	8	1		5
4		8	6		1	9	7	2

Puzzle 42

8			6	1	4	5	9	
5	6			3		8	2	1
		3	5		8		4	
3	2	9	8		6			
	5	6	1			7	3	8
	8		3	4	5		6	2
	1	5	2	8	3	4	7	
		8			7	3		6
		7	4		1	2	8	

Puzzle 43

	2		3	4		6	8	7
8	3	1	7		5	2	4	
	4	7	8	2	9	3	5	
4	7		2	1				
1	5	2	6		3			4
		3	4		7	1	6	
		5	1	3		4		8
2		8	9	7			1	
3		4	5		2	7		6

Puzzle 44

	2		8			3	4	
9	8	1	5	3	4			
	4	3	2	1			9	5
4	3	8	1			9	6	7
			3	4		1		8
1	9	5	6			4	2	3
7			4	2	3		8	6
8		4		6		2	3	9
	6	2	9		5		1	4

Puzzle 45

8	2	5	4	9	7	1	6	3
		1	8	3		2		5
7	3	6	2		5		9	
	8	9	7	4	2		1	
		7	5	8	9		3	2
4		2		6	3		8	7
5	7			2	8	6		
			6	7	1	3	5	
1	6	8						9

Puzzle 46

2		6	1	7	4			8
8	5		2		3	4		7
7		4		8	6	9		2
1					7			3
9	8					7	2	
			8	6		1	9	5
5	4	7	6	1	8			9
	2	8		4	9	5		1
3		9		2	5	6	8	4

Puzzle 47

6	9		5	8	3			2
	3	8						
	7	2	9	6			3	5
3	2		1		8	9	7	6
	1		7	9	5	3		4
7	4			2	6	5	1	8
9						4		7
1	6	7		5		2	8	
	5	4	8	3	7	6	9	

Puzzle 48

9			7	4	8		2	5
6			3	5	1	9		4
8			2		6	7	3	1
2		6		7		4	1	
4	5	9			3	2		
	7	1	6	2			9	8
1			4	8				6
5	6	4	1	3	9		7	2
7	3	8	5	6		1		

Puzzle 49

4		1	9	6	2		5	
	3	9				7	6	
	6	2		8	3	1		
	1	7	3		8	2	9	4
9	8		2	7				
2	5	3	1			6		7
1		6		3	9		7	
3	4	8	5			9	1	
7	9	5	6					8

Puzzle 50

	5	3	8	4	9		2	7
7	4	6	2		5	9	3	
2	8			7				1
9	2	4	7	8				
5	3	7					8	2
8		1	5	3	2	4		9
3	9	2	1	6		7		4
4			3	5		2	9	
6	7		9	2				3

Puzzle 1

5	4	6	9	1	8	3	2	7
7	3	2	4	6	5	8	9	1
1	8	9	2	7	3	4	5	6
4	6	8	7	9	1	5	3	2
9	1	5	3	4	2	7	6	8
3	2	7	5	8	6	1	4	9
6	5	4	1	2	7	9	8	3
8	9	1	6	3	4	2	7	5
2	7	3	8	5	9	6	1	4

Puzzle 2

4	7	6	2	9	8	5	3	1
1	3	8	6	7	5	2	4	9
9	5	2	1	3	4	6	8	7
7	6	1	9	2	3	4	5	8
5	9	3	8	4	6	7	1	2
8	2	4	5	1	7	3	9	6
3	8	9	7	5	2	1	6	4
6	4	7	3	8	1	9	2	5
2	1	5	4	6	9	8	7	3

Puzzle 3

3	2	5	9	6	8	7	4	1
1	7	8	5	3	4	2	9	6
4	9	6	2	7	1	5	3	8
8	3	4	6	5	7	9	1	2
6	5	2	8	1	9	3	7	4
9	1	7	4	2	3	6	8	5
5	8	1	7	9	6	4	2	3
2	4	9	3	8	5	1	6	7
7	6	3	1	4	2	8	5	9

Puzzle 4

5	7	1	9	2	4	8	6	3
3	6	9	5	1	8	4	7	2
4	8	2	6	3	7	9	5	1
6	2	5	4	8	9	1	3	7
9	3	4	7	6	1	5	2	8
7	1	8	2	5	3	6	9	4
2	4	3	8	9	6	7	1	5
1	9	7	3	4	5	2	8	6
8	5	6	1	7	2	3	4	9

Puzzle 5

3	7	5	9	1	6	4	8	2
4	2	6	5	7	8	3	1	9
1	8	9	2	3	4	5	6	7
8	5	3	1	4	2	7	9	6
9	4	2	6	5	7	8	3	1
6	1	7	8	9	3	2	5	4
7	9	4	3	8	1	6	2	5
2	3	1	4	6	5	9	7	8
5	6	8	7	2	9	1	4	3

Puzzle 6

5	6	4	9	2	1	7	3	8
7	2	3	6	4	8	1	9	5
9	8	1	5	3	7	4	6	2
3	1	5	7	8	2	6	4	9
4	9	8	3	1	6	5	2	7
6	7	2	4	9	5	3	8	1
2	3	7	8	5	4	9	1	6
1	5	9	2	6	3	8	7	4
8	4	6	1	7	9	2	5	3

Puzzle 7

2	5	4	7	9	3	6	1	8
6	9	7	1	5	8	4	2	3
3	8	1	6	2	4	9	5	7
7	6	3	8	1	5	2	4	9
8	1	9	4	6	2	3	7	5
4	2	5	3	7	9	1	8	6
1	7	8	2	3	6	5	9	4
5	3	2	9	4	7	8	6	1
9	4	6	5	8	1	7	3	2

Puzzle 8

3	5	9	6	8	1	7	4	2
2	1	6	7	4	9	5	8	3
8	7	4	2	5	3	1	9	6
1	8	2	9	7	4	6	3	5
4	3	5	8	1	6	9	2	7
6	9	7	5	3	2	8	1	4
5	4	8	1	2	7	3	6	9
7	6	3	4	9	8	2	5	1
9	2	1	3	6	5	4	7	8

Puzzle 9

1	6	9	7	3	8	5	2	4
8	7	5	2	6	4	3	9	1
2	3	4	9	1	5	8	6	7
5	1	3	4	8	9	2	7	6
4	2	8	5	7	6	1	3	9
6	9	7	3	2	1	4	8	5
9	5	2	8	4	7	6	1	3
3	4	1	6	9	2	7	5	8
7	8	6	1	5	3	9	4	2

Puzzle 10

8	4	2	5	9	1	7	6	3
6	7	9	3	2	4	5	8	1
1	3	5	6	8	7	9	4	2
4	2	7	8	3	6	1	9	5
9	8	6	7	1	5	3	2	4
5	1	3	2	4	9	8	7	6
3	6	1	4	7	8	2	5	9
2	5	8	9	6	3	4	1	7
7	9	4	1	5	2	6	3	8

Puzzle 11

9	2	1	4	3	7	6	8	5
4	6	7	8	2	5	9	3	1
3	8	5	9	1	6	2	4	7
2	3	4	6	5	9	1	7	8
5	9	8	1	7	4	3	6	2
1	7	6	3	8	2	4	5	9
7	1	9	5	4	3	8	2	6
8	4	2	7	6	1	5	9	3
6	5	3	2	9	8	7	1	4

Puzzle 12

1	9	8	7	5	4	3	2	6
2	4	7	1	3	6	8	5	9
5	6	3	2	9	8	1	4	7
4	5	2	9	1	3	6	7	8
6	7	9	4	8	5	2	1	3
3	8	1	6	7	2	4	9	5
7	2	5	3	6	1	9	8	4
8	1	6	5	4	9	7	3	2
9	3	4	8	2	7	5	6	1

Puzzle 13

1	7	9	3	4	5	8	6	2
5	4	3	8	2	6	9	7	1
8	6	2	7	9	1	5	4	3
6	1	5	9	3	8	4	2	7
2	8	7	6	5	4	3	1	9
9	3	4	2	1	7	6	8	5
7	5	6	1	8	3	2	9	4
3	9	1	4	6	2	7	5	8
4	2	8	5	7	9	1	3	6

Puzzle 14

9	2	7	8	3	6	1	5	4
3	4	8	5	2	1	9	6	7
5	1	6	7	4	9	8	3	2
8	5	9	3	1	4	2	7	6
4	3	2	6	7	8	5	1	9
6	7	1	2	9	5	4	8	3
1	9	5	4	6	3	7	2	8
2	8	3	9	5	7	6	4	1
7	6	4	1	8	2	3	9	5

Puzzle 15

2	7	1	4	9	5	3	8	6
4	8	3	2	6	1	5	7	9
5	6	9	3	7	8	2	4	1
1	4	6	9	3	2	8	5	7
9	3	7	8	5	6	1	2	4
8	2	5	1	4	7	9	6	3
3	1	2	7	8	4	6	9	5
6	9	4	5	2	3	7	1	8
7	5	8	6	1	9	4	3	2

Puzzle 16

3	1	2	7	5	9	6	8	4
7	9	6	1	4	8	5	3	2
4	8	5	2	3	6	7	1	9
2	3	9	8	7	1	4	5	6
1	4	8	9	6	5	2	7	3
5	6	7	3	2	4	1	9	8
6	7	4	5	9	3	8	2	1
9	5	1	4	8	2	3	6	7
8	2	3	6	1	7	9	4	5

Puzzle 17

2	8	7	9	6	3	1	5	4
5	4	9	2	7	1	8	3	6
6	3	1	5	8	4	2	7	9
3	9	5	4	1	7	6	2	8
1	7	2	8	5	6	9	4	3
8	6	4	3	9	2	5	1	7
9	5	3	1	4	8	7	6	2
4	1	6	7	2	9	3	8	5
7	2	8	6	3	5	4	9	1

Puzzle 18

6	4	3	7	9	2	8	5	1
2	9	5	4	8	1	6	3	7
1	7	8	5	6	3	2	4	9
5	8	6	1	4	7	3	9	2
9	1	7	2	3	8	4	6	5
4	3	2	9	5	6	1	7	8
7	2	9	6	1	4	5	8	3
8	6	1	3	7	5	9	2	4
3	5	4	8	2	9	7	1	6

Puzzle 19

6	1	8	4	3	5	9	2	7
5	7	9	1	2	6	4	3	8
3	4	2	9	8	7	6	1	5
1	8	4	7	6	3	2	5	9
2	3	5	8	1	9	7	4	6
7	9	6	2	5	4	1	8	3
8	5	1	6	7	2	3	9	4
4	2	7	3	9	8	5	6	1
9	6	3	5	4	1	8	7	2

Puzzle 20

1	2	8	9	3	4	7	6	5
4	9	6	5	1	7	3	8	2
3	7	5	6	2	8	1	9	4
7	3	4	1	8	5	9	2	6
2	6	1	7	4	9	8	5	3
8	5	9	3	6	2	4	7	1
5	1	3	8	7	6	2	4	9
6	4	7	2	9	3	5	1	8
9	8	2	4	5	1	6	3	7

Puzzle 21

1	7	9	6	8	4	2	5	3
5	4	3	1	2	9	6	7	8
2	8	6	5	7	3	4	9	1
6	2	1	7	5	8	9	3	4
9	3	7	2	4	1	5	8	6
4	5	8	3	9	6	1	2	7
3	1	5	8	6	2	7	4	9
7	6	4	9	3	5	8	1	2
8	9	2	4	1	7	3	6	5

Puzzle 22

8	7	4	3	5	9	6	2	1
1	3	9	4	2	6	5	8	7
6	5	2	8	7	1	9	3	4
7	4	5	9	8	2	1	6	3
2	8	1	5	6	3	7	4	9
9	6	3	1	4	7	8	5	2
5	1	7	6	3	4	2	9	8
3	9	8	2	1	5	4	7	6
4	2	6	7	9	8	3	1	5

Puzzle 23

5	2	8	1	9	4	3	6	7
3	9	6	8	2	7	5	1	4
4	1	7	5	6	3	9	2	8
2	7	5	9	1	8	4	3	6
1	8	3	4	7	6	2	5	9
9	6	4	2	3	5	8	7	1
6	3	2	7	8	9	1	4	5
8	4	1	6	5	2	7	9	3
7	5	9	3	4	1	6	8	2

Puzzle 24

1	9	7	8	3	5	4	6	2
3	4	5	2	9	6	1	8	7
8	2	6	1	7	4	9	3	5
9	1	4	5	6	3	2	7	8
5	3	2	9	8	7	6	4	1
6	7	8	4	2	1	3	5	9
2	6	1	3	5	8	7	9	4
7	5	9	6	4	2	8	1	3
4	8	3	7	1	9	5	2	6

Puzzle 25

3	1	4	7	9	8	6	5	2
7	6	8	5	4	2	1	3	9
2	5	9	1	6	3	8	4	7
1	3	7	9	2	5	4	8	6
9	2	5	4	8	6	7	1	3
4	8	6	3	1	7	2	9	5
6	7	1	8	3	9	5	2	4
5	4	3	2	7	1	9	6	8
8	9	2	6	5	4	3	7	1

Puzzle 26

6	1	9	5	4	8	2	3	7
3	2	4	9	6	7	8	5	1
7	8	5	2	3	1	9	6	4
5	4	2	3	7	6	1	9	8
8	9	7	1	5	4	3	2	6
1	6	3	8	9	2	4	7	5
2	5	1	6	8	9	7	4	3
9	7	6	4	1	3	5	8	2
4	3	8	7	2	5	6	1	9

Puzzle 27

4	5	8	6	3	2	7	9	1
1	7	6	8	4	9	3	2	5
2	9	3	1	5	7	8	4	6
7	8	4	9	6	3	1	5	2
9	6	1	7	2	5	4	3	8
3	2	5	4	8	1	9	6	7
6	3	9	5	1	8	2	7	4
5	1	2	3	7	4	6	8	9
8	4	7	2	9	6	5	1	3

Puzzle 28

2	1	5	8	3	4	9	7	6
6	4	7	2	5	9	8	3	1
8	3	9	6	1	7	2	4	5
3	2	1	7	9	8	6	5	4
9	8	4	1	6	5	3	2	7
7	5	6	4	2	3	1	9	8
4	9	2	5	8	6	7	1	3
1	7	8	3	4	2	5	6	9
5	6	3	9	7	1	4	8	2

Puzzle 29

4	6	7	3	1	9	5	8	2
5	8	2	6	4	7	3	1	9
1	9	3	2	5	8	7	4	6
9	7	6	5	2	4	1	3	8
2	3	4	9	8	1	6	7	5
8	1	5	7	6	3	9	2	4
6	5	8	1	3	2	4	9	7
3	2	9	4	7	5	8	6	1
7	4	1	8	9	6	2	5	3

Puzzle 30

7	1	9	6	5	4	8	2	3
5	3	4	1	8	2	7	6	9
8	6	2	9	7	3	4	1	5
6	7	1	2	3	5	9	8	4
2	5	3	4	9	8	6	7	1
4	9	8	7	6	1	3	5	2
1	8	6	5	4	9	2	3	7
9	2	7	3	1	6	5	4	8
3	4	5	8	2	7	1	9	6

Puzzle 31

7	1	2	8	6	4	5	9	3
6	3	4	2	9	5	8	7	1
5	9	8	3	7	1	4	2	6
3	4	6	9	1	8	2	5	7
1	2	7	4	5	6	9	3	8
8	5	9	7	3	2	1	6	4
9	6	1	5	4	3	7	8	2
4	8	5	6	2	7	3	1	9
2	7	3	1	8	9	6	4	5

Puzzle 32

7	4	1	2	8	9	5	3	6
6	3	2	1	7	5	4	8	9
8	9	5	4	6	3	2	1	7
1	6	3	7	9	4	8	5	2
2	8	4	3	5	6	7	9	1
9	5	7	8	2	1	3	6	4
4	2	6	9	3	8	1	7	5
5	1	8	6	4	7	9	2	3
3	7	9	5	1	2	6	4	8

Puzzle 33

9	7	6	4	8	5	2	3	1
3	2	8	9	7	1	5	6	4
4	1	5	6	2	3	8	7	9
7	6	3	1	5	8	4	9	2
8	5	2	7	4	9	6	1	3
1	4	9	3	6	2	7	8	5
5	8	1	2	9	7	3	4	6
6	9	7	5	3	4	1	2	8
2	3	4	8	1	6	9	5	7

Puzzle 34

9	7	5	4	2	6	8	1	3
4	8	3	5	7	1	9	2	6
1	2	6	9	3	8	4	5	7
6	3	4	8	9	5	1	7	2
5	9	8	2	1	7	3	6	4
7	1	2	3	6	4	5	9	8
8	4	9	7	5	2	6	3	1
3	6	7	1	8	9	2	4	5
2	5	1	6	4	3	7	8	9

Puzzle 35

6	4	7	8	3	5	2	1	9
1	8	9	6	4	2	5	3	7
3	2	5	9	1	7	4	6	8
8	6	4	3	2	1	9	7	5
2	9	3	5	7	6	1	8	4
5	7	1	4	9	8	6	2	3
9	3	6	1	8	4	7	5	2
4	5	2	7	6	3	8	9	1
7	1	8	2	5	9	3	4	6

Puzzle 36

8	5	4	1	7	2	3	9	6
1	9	3	5	8	6	7	4	2
6	7	2	4	9	3	1	8	5
5	1	9	8	3	4	6	2	7
2	8	7	6	1	5	4	3	9
3	4	6	9	2	7	8	5	1
4	3	1	2	6	9	5	7	8
7	2	8	3	5	1	9	6	4
9	6	5	7	4	8	2	1	3

Puzzle 37

1	7	8	6	5	2	9	3	4
9	5	2	7	3	4	8	6	1
3	4	6	8	1	9	2	7	5
7	3	5	4	2	1	6	9	8
4	8	1	3	9	6	7	5	2
6	2	9	5	7	8	4	1	3
8	1	3	2	6	7	5	4	9
5	6	4	9	8	3	1	2	7
2	9	7	1	4	5	3	8	6

Puzzle 38

6	4	8	3	9	7	2	5	1
1	7	5	2	6	4	8	9	3
3	9	2	8	5	1	4	6	7
7	1	9	5	8	2	3	4	6
5	6	3	7	4	9	1	8	2
2	8	4	1	3	6	9	7	5
8	5	1	9	7	3	6	2	4
4	3	7	6	2	8	5	1	9
9	2	6	4	1	5	7	3	8

Puzzle 39

1	9	2	6	7	8	4	5	3
6	8	5	2	3	4	9	7	1
4	7	3	9	1	5	2	8	6
2	5	8	7	6	1	3	9	4
9	1	7	4	5	3	8	6	2
3	4	6	8	2	9	5	1	7
7	2	4	5	8	6	1	3	9
5	6	1	3	9	2	7	4	8
8	3	9	1	4	7	6	2	5

Puzzle 40

8	9	2	4	3	5	1	6	7
4	3	5	7	1	6	9	8	2
6	1	7	9	8	2	5	4	3
7	2	3	1	9	8	6	5	4
5	6	8	3	2	4	7	1	9
9	4	1	5	6	7	2	3	8
1	5	4	8	7	9	3	2	6
3	7	6	2	4	1	8	9	5
2	8	9	6	5	3	4	7	1

Puzzle 41

7	8	4	1	2	3	6	5	9
6	9	2	8	7	5	3	1	4
1	5	3	4	6	9	8	2	7
8	2	6	3	9	7	5	4	1
9	7	1	5	8	4	2	6	3
3	4	5	2	1	6	7	9	8
5	1	9	7	3	2	4	8	6
2	6	7	9	4	8	1	3	5
4	3	8	6	5	1	9	7	2

Puzzle 42

8	7	2	6	1	4	5	9	3
5	6	4	7	3	9	8	2	1
1	9	3	5	2	8	6	4	7
3	2	9	8	7	6	1	5	4
4	5	6	1	9	2	7	3	8
7	8	1	3	4	5	9	6	2
6	1	5	2	8	3	4	7	9
2	4	8	9	5	7	3	1	6
9	3	7	4	6	1	2	8	5

Puzzle 43

5	2	9	3	4	1	6	8	7
8	3	1	7	6	5	2	4	9
6	4	7	8	2	9	3	5	1
4	7	6	2	1	8	9	3	5
1	5	2	6	9	3	8	7	4
9	8	3	4	5	7	1	6	2
7	9	5	1	3	6	4	2	8
2	6	8	9	7	4	5	1	3
3	1	4	5	8	2	7	9	6

Puzzle 44

5	2	7	8	9	6	3	4	1
9	8	1	5	3	4	6	7	2
6	4	3	2	1	7	8	9	5
4	3	8	1	5	2	9	6	7
2	7	6	3	4	9	1	5	8
1	9	5	6	7	8	4	2	3
7	1	9	4	2	3	5	8	6
8	5	4	7	6	1	2	3	9
3	6	2	9	8	5	7	1	4

Puzzle 45

8	2	5	4	9	7	1	6	3
9	4	1	8	3	6	2	7	5
7	3	6	2	1	5	8	9	4
3	8	9	7	4	2	5	1	6
6	1	7	5	8	9	4	3	2
4	5	2	1	6	3	9	8	7
5	7	3	9	2	8	6	4	1
2	9	4	6	7	1	3	5	8
1	6	8	3	5	4	7	2	9

Puzzle 46

2	9	6	1	7	4	3	5	8
8	5	1	2	9	3	4	6	7
7	3	4	5	8	6	9	1	2
1	6	2	9	5	7	8	4	3
9	8	5	4	3	1	7	2	6
4	7	3	8	6	2	1	9	5
5	4	7	6	1	8	2	3	9
6	2	8	3	4	9	5	7	1
3	1	9	7	2	5	6	8	4

Puzzle 47

6	9	1	5	8	3	7	4	2
5	3	8	2	7	4	1	6	9
4	7	2	9	6	1	8	3	5
3	2	5	1	4	8	9	7	6
8	1	6	7	9	5	3	2	4
7	4	9	3	2	6	5	1	8
9	8	3	6	1	2	4	5	7
1	6	7	4	5	9	2	8	3
2	5	4	8	3	7	6	9	1

Puzzle 48

9	1	3	7	4	8	6	2	5
6	2	7	3	5	1	9	8	4
8	4	5	2	9	6	7	3	1
2	8	6	9	7	5	4	1	3
4	5	9	8	1	3	2	6	7
3	7	1	6	2	4	5	9	8
1	9	2	4	8	7	3	5	6
5	6	4	1	3	9	8	7	2
7	3	8	5	6	2	1	4	9

Puzzle 49

4	7	1	9	6	2	8	5	3
8	3	9	4	1	5	7	6	2
5	6	2	7	8	3	1	4	9
6	1	7	3	5	8	2	9	4
9	8	4	2	7	6	5	3	1
2	5	3	1	9	4	6	8	7
1	2	6	8	3	9	4	7	5
3	4	8	5	2	7	9	1	6
7	9	5	6	4	1	3	2	8

Puzzle 50

1	5	3	8	4	9	6	2	7
7	4	6	2	1	5	9	3	8
2	8	9	6	7	3	5	4	1
9	2	4	7	8	1	3	6	5
5	3	7	4	9	6	1	8	2
8	6	1	5	3	2	4	7	9
3	9	2	1	6	8	7	5	4
4	1	8	3	5	7	2	9	6
6	7	5	9	2	4	8	1	3

www.ingramcontent.com/pod-product-compliance
Lightning Source LLC
Chambersburg PA
CBHW070805250726
48662CB00004B/1993

9798637267279